Thea Roß & Axel Schulz

Das kleine SAURIER-BESTIMMUNGS-BUCH

COPPENRATH VERLAG

Die Autoren danken Dr. Peter Lanser vom Westfälischen Landesmuseum für Naturkunde in Münster für die wissenschaftliche Beratung.

ISBN 3-8157-2111-3

Gesamtherstellung:
Druckhaus Holterdorf, Oelde
Printed in Germany

Hallo, Saurierfan!

Die Dinosaurier sind zwar schon vor vielen Millionen Jahren ausgestorben, trotzdem begegnen wir ihnen immer wieder. Ob im Museum, in Büchern, in Filmen und im Fernsehen, immer ist so eine Begegnung spannend und gruselig zugleich, denn gerade weil es sie nicht mehr lebendig und leibhaftig gibt, regen sie unsere Fantasie ganz besonders an. Und so sind sie Vorbilder geworden für manchen Drachen in den Märchen, für manches Ungeheuer von Loch Ness oder für manches Monster aus Hollywood. Wir, die Autoren, sind begeistert von den Dinosauriern und mit viel Freude haben wir die Informationen für dieses kleine Buch zusammengetragen. Wir haben dabei eine Menge gelernt und schwärmen jetzt geradezu von den Urviechern, die die Erde fast 160 Millionen Jahre lang beherrscht haben.

So ein Buch ist wie eine Zeitmaschine: Du schlägst es auf und schon (mit ein bisschen Fantasie) befindest du dich in einer Zeit, zu der es die Menschen noch gar nicht gab, als der Boden erzitterte unter den mächtigen Schritten von Brachiosaurus, als Tyrannosaurus, der König, sein Brüllen ertönen ließ oder als Coelophysis durch die Wälder der Trias huschte ...
Wir jedenfalls werden unser Saurier-Bestimmungsbuch immer mit uns herumtragen. Es könnte ja sein, dass uns mal wieder ein Dinosaurier begegnet.

Thea Roß und Axel Schulz

Vor langer, langer Zeit

Die Dinosaurier haben im Erdmittelalter gelebt, im Mesozoikum. Das begann vor 248 Millionen Jahren und endete vor 65 Millionen Jahren. Das Erdmittelalter wird in drei Perioden unterteilt: die Trias, der Jura, die Kreide (oder „Kreidezeit"). Diese unterteilen wir jeweils noch mal in eine untere (frühe) und eine obere (späte) Phase. Links hast du ein Schaubild, das dir die Geschichte der Erde verdeutlichen soll. Die Dinosaurier erschienen in der Obertrias und starben am Ende der Oberkreide aus.

Im Mesozoikum machte die Erde gewaltige Veränderungen durch: In der Trias bestand sie noch aus einer großen zusammenhängenden Landmasse, „Pangaea" genannt, die vom Meer umgeben war. Im Jura brach die Landmasse auseinander und die Stücke (die Kontinente) trieben langsam auseinander. Man nennt das „Kontinentaldrift". In der Kreidezeit nahmen die Kontinente und die Ozeane ungefähr ihre heutige Lage ein. Aber erst in den Millionen Jahren der Erdneuzeit, als die Dinosaurier schon ausgestorben waren, bekam die Erde ihr heutiges Gesicht: Das Meer ging weiter zurück und es bildeten sich die großen Gebirge, die Pyrenäen, die Alpen, der Himalaya …

Das Klima im Mesozoikum war noch ganz anders als das heutige: Es war durchweg wärmer und feuchter. Es gab keine stark unter-

Formation	Erdzeitalter	Beginn vor Mio. Jahren
Quartär	Erdneuzeit	2
Tertiär		65
Kreide	Erdmittelalter	144
Jura		213
Trias		248
Perm	Erdaltertum	286
Karbon		360
Devon		408
Silur		438
Ordovizium		505
Kambrium		590
Erdfrühzeit		
Archaikum		
Erdurzeit		

schiedlichen Klimazonen. An den Polen war es fast so warm wie am Äquator. Und weder wurde es nachts sehr viel kälter als tagsüber, noch gab es deutliche jahreszeitliche Unterschiede. Die wichtigsten Pflanzen waren Farne, Schachtelhalme, Ginkos und Nadelbäume. Blütenpflanzen kamen erst in der Kreidezeit.

Die Namen der Saurier

Die Namen der Saurier sind wissenschaftliche Namen. Sie sind international, das heißt, sie gehen unverändert in jede Sprache der Welt ein. Es gibt keine richtigen deutschen Namen für die Saurier.

Was ist ein Dinosaurier?

Nicht alle Saurier sind Dinosaurier. Die Flugsaurier sind keine Dinosaurier und die großen Meeresechsen, die Plesio-, Ichthyo- und Mosasaurier auch nicht. Unter Dinosauriern versteht man bestimmte landlebende Reptilien des Mesozoikums. Ein wichtiges Merkmal dieser Reptile ist, dass sich ihre Beine direkt unter ihrem Rumpf befinden und nicht wie bei den anderen Reptilien seitwärts abgewinkelt stehen.

Ein bisschen Ordnung

Bei den Dinosauriern unterscheidet man zunächst mal zwei Gruppen nach der Struktur ihrer Beckenknochen als Saurischier (deutsch: Echsenbecken-Dinosaurier) und Ornithischier (deutsch: Vogelbecken-Dinosaurier).

Saurischier: Deren Beckenknochen sind etwa wie bei den Reptilien angeordnet. Zu den Echsenbecken-Dinosauriern zählen z.B. die Theropoden (Raubtierfuß-Dinosaurier), von denen der Furcht erregende Tyrannosaurus einer ist, und die Sauropoden (Elefantenfuß-Dinosaurier), zu denen die allergrößten Dinosaurier gehören, z.B. Brontosaurus, den man heute „Apatosaurus" nennt.

Ornithischier: Deren Beckenknochen sind etwa wie bei den heutigen Vögeln angeordnet. Zu ihnen zählen z.B. die berühmten Stegosaurier, das mächtige Dreihorn Triceratops oder das seltsame Iguanodon. Die Ornithischier waren allesamt Pflanzenfresser.

Die wissenschaftliche Aufteilung der Saurier ist noch komplizierter. Wir wollen es uns hier aber nicht so schwierig machen.

Ihre Größe war ihr Vorteil

Dinosaurier waren Reptilien und Reptilien sind Tiere, deren Körpertemperatur abhängig ist von der Außentemperatur. Sie können nicht von innen warm werden. Man sagt, sie sind ektotherm. Deshalb nehmen z.B. Eidechsen gerne ein Sonnenbad. Wenn sie kalt sind, sind sie nämlich ziemlich unbeweglich, wenig aktiv und zu langsam – sowohl zur Jagd als auch zu schneller Flucht. Wenn es ihnen zu warm wird, legen sie sich in den Schatten und geben die überschüssige Wärme ab. So halten sie ständig eine etwa gleiche Körpertemperatur. Säugetiere und Vögel dagegen erzeugen innerlich ihre Körperwärme selber, und zwar durch den „Stoffwechsel", das heißt durch Nahrungsaufnahme, Verdauung und Verwertung. Man sagt, sie „verbrennen" Nahrung. Wissenschaftlich heißt das, sie sind endotherm. Dafür brauchen sie übrigens viel mehr Futter als die Reptilien.

Da die Dinosaurier Reptilien waren, abhängig also von der Außentemperatur, hielt man sie lange für träge, unbeweglich, langsam, ja für primitiv. Wie konnten die nur die Erde für fast 160 Millionen Jahre beherrschen?

Es lag an ihrer Körpergröße, genauer gesagt an ihrem Körpervolumen. Man hat nämlich festgestellt, dass Tiere mit einem großen Körperumfang Wärme viel langsamer abgeben als Tiere mit einem kleinen Körper. (Übrigens wuchsen die Dinosaurier ihr ganzes Leben lang.) So konnte z.B. Brachiosaurus seine Körperwärme problemlos über Nacht aufrechterhalten. Darüber hinaus kam den Dinosauriern das Klima des Erdmittelalters entgegen. Es war viel wärmer als heute und die Temperaturen schwankten auch nicht so stark zwischen Tag und Nacht. Außerdem gab es so gut wie keine jahreszeitlichen Schwankungen. So waren die riesenhaften Dinosaurier wahrscheinlich nicht weniger beweglich, als es die großen und kleinen Säugetiere heute sind.

Die kleinen, sehr agilen und schnellen Dinosaurier waren, obwohl sie auch zu den Reptilien gezählt werden, möglicherweise endotherm wie die modernen Säugetiere. Doch das vermutet man nur und kann es nicht beweisen.

Und warum starben die Saurier aus?

Es gab schon viele Theorien darüber, wie es kam, dass die Dinosaurier gegen Ende der Kreidezeit so plötzlich ganz ausstarben. Die meisten dieser Theorien wurden widerlegt. Heute ist man grundsätzlich überzeugt, dass Veränderungen des Weltklimas und der Umwelt verantwortlich waren für das Aussterben der Saurier. Wie aber ist es zu diesen Veränderungen am Ende der Kreidezeit gekommen? Die Wissenschaftler, die sich mit diesen Fragen beschäftigen, konzentrieren sich auf zwei unterschiedliche Annahmen. Nach der einen war eine globale Katastrophe, ausgelöst durch den Sturz eines gewaltigen Himmelskörpers auf die Erde, verantwortlich für das plötzliche Verschwinden der Saurier. Nach der anderen wurde die Erde im Laufe von etwa 50000 Jahren langsam durch natürliche klimatische Veränderungen immer unverträglicher für die Saurier und umso geeigneter für die Säugetiere.

Nach der „Katastrophen-Theorie" prallte ein riesiger Meteorit bei Yucatan (Mexiko) mit ungeheurer Geschwindigkeit (100000 km/h) mit der Erde zusammen. Der Zusammenstoß wirbelte eine gigantische Wolke aus Staub und Wassertropfen auf und löste furchtbare Stürme, Erdbeben und Flutwellen aus. Die Staubwolke verdunkelte den Himmel für Monate, vielleicht sogar für Jahre. Dadurch kühlte sich das Klima rapide ab. Für die Dinosaurier, die zum Leben ein relativ gleich bleibendes warmes Klima brauchten (s. S. 7), waren die Veränderungen tödlich. Säugetiere, die ihre Körperwärme selber regulieren können, waren viel besser in der Lage, sich einer Phase von Dunkelheit und Kälte anzupassen und so als Sieger über die Riesenechsen aus den Veränderungen der Erde hervorzugehen.

Der zweiten Theorie folgend liefen die Veränderungen der Umwelt und des Klimas über einen längeren Zeitraum ab. Gegen Ende der Kreidezeit wandelte sich das Antlitz der Erde gewaltig: Neue Ozeane entstanden und es setzte eine Periode sehr starker Vulkantätigkeit ein. Mit der äußeren Gestalt der Meere änderten sich auch die Meeresströmungen und die Winde. Das bis dahin ziemlich gleichmäßig warme Klima schwankte nun spürbar in einem jahreszeitlichen Wechsel. Und die Vulkane hatten mit ihrem Auswurf an Staub und Gasen einen ähnlichen Effekt, wie er für die Karambolage der Erde mit dem Meteoriten angenommen wird.

Für beide Theorien gibt es beeindruckende Beweise. Sie haben gemeinsam, dass sie von Veränderungen des Erdklimas und der Umwelt ausgehen. Es macht Sinn, anzunehmen, dass beide stimmen, dass also ein Meteorit auf die Erde stürzte, als diese dabei war, sich massiv zu wandeln. So hätte der katastrophale Zusammenstoß die Veränderungen der Erde und ihrer Tierwelt dann nur noch beschleunigt.

Die Farben der Saurier

Weil sich Farbpigmente in Versteinerungen nicht erhalten, entspringen die Farben der Saurier in den heutigen Darstellungen der Fantasie der Illustratoren. Man nimmt an, dass die schnellen und agilen großen und kleinen Dinosaurier (v.a. Raubsaurier) lebhaft gefärbt waren wie heutige Eidechsen und dass z.B. die Kämme der Hadrosaurier auch bunter Schmuck waren, der eine Signalwirkung hatte. Die riesigen Sauropoden stellt man sich farblich eher wie Elefanten oder Nilpferde vor.

Abkürzungen und Symbole

Der Saurier war ein Fleischfresser.

Der Saurier war ein Pflanzenfresser.

MT = Mittlere Trias (Beginn vor 241 Mio. Jahren)
OT = Obertrias (Beginn vor etwa 235 Mio. Jahren)
UJ = Unterjura (Beginn vor etwa 208 Mio. Jahren)
OJ = Oberjura (Beginn vor etwa 157 Mio. Jahren)
UK = Unterkreide (Beginn vor etwa 145 Mio. Jahren)
OK = Oberkreide (Beginn vor etwa 97 Mio. Jahren)

Die Saurier sind innerhalb ihrer Lebenszeit alphabetisch geordnet. Am Ende jedes kleinen Abschnittes findest du eine „Bestimmungszeile". Sie sagt, zu welcher Art der Saurier gehört, ob er ein Pflanzen- oder ein Fleischfresser war, in welcher Zeit er gelebt hat und wo seine Fossilien* gefunden wurden. Die Angabe des Fundortes entspricht der heutigen Zeit, denn die angegebenen Kontinente und Länder gab es im Erdmittelalter ja noch nicht. Beispiel Compsognathus. Da steht: Saurischier, Theropode, Coelurosaurier. Verbreitung: **OJ,** Europa. Das heißt: Compsognathus war ein Echsenbeckensaurier. Er zählt zu den Theropoden (den Raubtierfuß-Dinosauriern), und zwar zu deren Unterordnung, den Hohlknochen-Dinosauriern. Er war Fleischfresser und lebte im späten Jura, da, wo heute Europa ist (denn in Europa wurde er gefunden).
Zu den Ausdrücken, die mit * gekennzeichnet sind, findest du hinten im Kleinen Wörterbuch noch ein paar knappe Erläuterungen.

Coelophysis: Ein kleiner (3 m lang) und einer der frühesten Dinosaurier. Lebte vor etwa 220 Millionen Jahren. Schneller, auf zwei Beinen laufender, gefährlicher Räuber, der in Rudeln jagte. Schlanker Körper. Sehr leichtes Tier; Knochen teilweise hohl, weshalb er zu den Coelurosauriern*, den Hohlknochen-Dinosauriern gehört. – Saurischier, Theropode*, Coelurosaurier, Verbreitung: **OT,** Nordamerika.

Mussaurus: Einer der kleinsten bekannten Dinosaurier. Der Name bedeutet „Mausechse". Das größte Skelett, das man bisher gefunden hat, war nur 20 cm lang. Es stammt von einem Jungtier. Man zählt ihn zu den Prosauropoden (Vor-Sauropoden), Echsenbecken-Dinosaurier, die – wie ihr Name sagt – vor den Sauropoden* in der Obertrias gelebt haben. Sie waren aber nicht die Vorfahren der Sauropoden und sie waren auch viel kleiner. Man nimmt an, dass Mussaurus erwachsen etwa 2-3 m lang wurde. – Saurischier, Prosauropode. Verbreitung: **OT-UJ,** Südamerika.

Plateosaurus: Einer der ersten großen Dinosaurier (bis zu 8 m lang). Wie Mussaurus gehört auch Plateosaurus zu den Prosauropoden (s. linke Seite). Er lief meistens auf vier Beinen, konnte sich aber aufrichten und kurzzeitig auf seinen Hinterbeinen laufen oder auf diesen stehend und auf seinen langen Schwanz gestützt höhere Äste abweiden. Er war ein Herdentier. – Saurischier, Prosauropode. Verbreitung: **OT,** Europa.

Allosaurus: Sehr großer Raubsaurier (bis zu 13,5 m lang). Wog bis zu 2 t. Gewaltige Kiefer mit langen messerscharfen Zähnen. Kurze Arme und lange Beine, mit denen er falls nötig schnell laufen konnte. Schreckliche Krallen an Händen und Füßen. Konnte auch größere Tiere seiner Zeit angreifen. Er jagte in Rudeln. – Saurischier, Theropode, Carnosaurier*.
Verbreitung: **OJ-UK,** Nordamerika, Afrika (Tansania), Europa (Portugal), Australien.

Apatosaurus (früher „Brontosaurus"): Bis zu 21 m lang und über 10 m hoch. Lief sehr träge auf seinen vier „Elefantenbeinen", die ein gewaltiges Gewicht (bis zu 30 t) tragen mussten. Mit seinen Zähnen rupfte er Blätter und Nadeln von den Bäumen und verschlang sie unzerkaut. Konnte sich auf seinen Hinterbeinen aufrichten. Vorderbeine kürzer als Hinterbeine (vergleiche mit den Brachiosauriern). Apatosaurus gehört in die Gruppe der Diplodociden (s. S. 19). – Saurischier, Sauropode. Verbreitung: **OJ**, Nordamerika.

Brachiosaurus: Größtes bisher vollständig gefundenes Skelett eines Landtieres. 23 m lang, 13 m hoch. Wog bis zu 80 t. Vorderbeine länger als Hinterbeine (ähnlich den Giraffen, vergleiche mit Apatosaurus). Schwanz kürzer als bei anderen Sauropoden. Große Nasenöffnungen auf dem Kopf vor den Augen. Zähne weniger zum Zerkauen als zum Abrupfen von Blättern. Der Name „Brachiosaurier" bezeichnet auch die ganze Gruppe der allergrößten Dinosaurier. – Saurischier, Sauropode. Verbreitung: **OJ**, Nordamerika, Afrika.

Compsognathus: Geradezu zierlicher Hohlknochen-Dinosaurier (80 cm lang). Ein schneller, zweibeinig laufender Raubsaurier, wendiger leicht gebauter Jäger, der sich von kleinen Eidechsen und wahrscheinlich auch von Insekten ernährte. Viele Ähnlichkeiten mit Archaeopteryx*, der zur selben Zeit gelebt hat. Theropoden wie Compsognathus waren vermutlich Vorfahren der heutigen Vögel. – Saurischier, Theropode, Coelurosaurier.
Verbreitung: **OJ,** Europa.

Dicraeosaurus: Verhältnismäßig kleiner Sauropode (etwa 12,5 m lang). Sein Name bedeutet „Gabelechse“, wegen einer Besonderheit des Skeletts: Die langen Dornen, die sich von den Wirbeln an Rücken, Hals und am Anfang des Schwanzes aufrichteten, waren nicht gerade wie bei Diplodocus, sondern v-förmig gegabelt. Er wird deshalb auch als Verwandter von Amargasaurus (s. S. 26) angesehen. Kürzerer Hals und größerer Kopf als Diplodocus, zu dessen Familie er zählt. – Saurischier, Sauropode. Verbreitung: **OJ,** Afrika (Tansania).

Diplodocus: Der längste Dinosaurier (27 m), aber viel leichter gebaut als z.B. Apatosaurus. Wog etwa 10 t. Den größten Teil seiner Gesamtlänge machten Hals (etwa 7 m) und Schwanz (etwa 14 m) aus. Der Name „Diplodociden" (Dinosaurier der Art Diplodocus) bezeichnet eine ganze Gruppe von Dinosauriern mit ähnlichem Körperbau: Sauropoden mit langem Hals und noch längerem Schwanz, mit schlankem Rumpf, schlanken Gliedmaßen und kleinem Kopf. Zog auf Futtersuche in Herden über die Erde. – Saurischier, Sauropode.

Verbreitung: **OJ,** Nordamerika.

Heterodontosaurus: Kleiner, zweibeinig laufender, leichter und agiler Vogelbeckensaurier. 90 cm lang. Zählt zu den Ornithopoden*, den Vogelfuß-Dinosauriern. Ungewöhnliches Gebiss; wie sein wissenschaftlicher Name ausdrückt, hatte er unterschiedliche Zähne: Hauer (Eckzähne), Mahl-, Schneidezähne (im Oberkiefer vorne) und eine Hornleiste (im Unterkiefer vorne). Muskulöse Backentaschen. Er kaute und zermalmte seine Pflanzennahrung, bevor er sie schluckte. – Ornithischier, Ornithopode. Verbreitung: **UJ,** Südafrika.

Ichthyosaurus: „Fischechse“ bedeutet der Name übersetzt. Meeresreptilien, die den heutigen Delfinen ähnlich sahen. 2 m lang. Krokodilartiges Gebiss. Große, scharfe Augen. Ernährten sich hauptsächlich von Fischen und Tintenfischen. Atmeten mit Lungen und brachten ihre Jungen lebend zur Welt. Es gab viele Arten; der Name „Ichthyosaurier“* bezeichnet also auch eine ganze Gruppe von Meeressauriern mit ähnlichem Körperbau. – Ichthyosaurier. Verbreitung: **MT,** weltweit.

Ornitholestes: Ein kleiner, schlanker Hohlknochen-Dinosaurier (etwa 2 m lang). Vergleichbar mit Compsognathus, aber deutlich größer und stärker gebaut. Kleine Zähne. Sehr wendiger, schneller und aggressiver Jäger. Langer Peitschenschwanz, gut ausbalancierter Körper. Jagte in Rudeln kleine Echsen, Lurche und frühe Säugetiere. Ornitholestes war möglicherweise auch ein Aasfresser. – Saurischier, Theropode, Coelurosaurier. Verbreitung: **OJ,** Nordamerika.

Rhamphorhynchus: Flugsaurier (Pterosaurier) mit etwa einem Meter Spannweite. Der Flügel war eine Flughaut (keine Federn!) zwischen Körper, Arm, Hand und einem extrem verlängerten vierten Finger. Langer, beweglicher Schwanz mit einem kleinen viereckigen Hautsegel am Ende diente zur Flugsteuerung. Behaarter Körper. Schmaler, langer Schädel und Kiefer mit scharfen Zähnen, die nach außen gebogen waren. Lebte in Kolonien an Küsten. Ernährte sich von Fischen. – Pterosaurier, Rhamphorhynchoiden*.
Verbreitung: **OJ,** Europa, Afrika (Tansania).

Stegosaurus: Dieser berühmte Ornithischier lebte vor 150 Millionen Jahren. Bis 9 m lang, so hoch wie ein Elefant. Lange Hinter-, kurze Vorderbeine. Bewegte sich langsam auf allen vieren, konnte sich aber wohl kurzzeitig aufrichten. Ernährte sich von Pflanzen am Boden. 2 Paare Stacheln (bis zu 1 m lang) am Schwanzende dienten zur Verteidigung. Die großen Platten regulierten wahrscheinlich die Körpertemperatur.
Es gab weltweit verschiedene Arten von Stegosauriern. – Ornithischier, Stegosaurier. Verbreitung: **OJ,** Nordamerika. Andere in China, Afrika, Europa.

Yangchuanosaurus: Großer Raubsaurier (bis zu 10 m lang, Länge des Kopfes 1 m). In Körperbau große Ähnlichkeit mit Allosaurus, zu dessen Verwandten er gehört. Auffällig ist eine Art unregelmäßig gezackter Kamm oberhalb des Mauls von den Nasenlöchern bis zu den Augen. Sein ganzes Gewicht stand auf zwei starken Beinen. Drei Zehen mit gefährlichen Krallen; eine vierte kleine Kralle war nach hinten gerichtet. Man nennt ihn auch „Szechuanosaurus“ nach der Provinz in China, wo er gefunden wurde. – Saurischier, Theropode, Carnosaurier* Verbreitung: **OJ,** China.

Amargasaurus: Ein außergewöhnlicher Saurischier aus Argentinien. Verhältnismäßig kleiner Sauropode: kürzerer Hals, größerer Kopf. Etwa 9 m lang, 3 m hoch. Er ist außergewöhnlich, weil er eine Art muskulösen Rückenkamm gehabt haben dürfte. Die Dornenfortsätze der Rücken- und Nackenwirbel waren extrem verlängert und nicht spitz (wie bei z.B. Diplodocus), sondern v-förmig gegabelt. Er wird deshalb als ein Verwandter von Dicraeosaurus (s. S. 18) angesehen. – Saurischier, Sauropode. Verbreitung: **UK,** Argentinien (Patagonien).

Baryonyx: Großer, ungewöhnlicher Theropode (6–7 m lang). Langer, flacher Kopf ähnlich dem eines Krokodils; Kiefer mit sehr vielen kleinen spitzen Zähnen. Kurzer „Kamm" mittig vor den Augen. Erstaunlich lange, dicke und kräftige Arme. An den Händen hatte er eine riesige gekrümmte Kralle, welcher er seinen Namen verdankt („Baryonyx" bedeutet „schwere Kralle"). Lief meistens auf allen vieren. Ernährte sich möglicherweise von Fischen, die er an Flussufern jagte. – Saurischier, Theropode, Coelurosaurier. Verbreitung: **UK,** England.

Deinonychus: Kleiner bis mittelgroßer Raubsaurier (3–4 m lang, 2 m hoch). Großer Schädel, starkes Gebiss mit dolchartigen Zähnen. Ungewöhnlich lange Arme mit dreifingriger Hand. Besonders auffallend war die große sichelförmige Kralle an jedem Fuß, die er als mörderische Waffe einsetzte („Deinonychus" bedeutet „schreckliche Kralle"). Ein schneller Läufer mit scharfen Augen. Aggressiver und wendiger Jäger. Jagte wahrscheinlich in Rudeln, was auf eine gewisse Intelligenz schließen lässt. – Saurischier, Theropode, Coelurosaurier. Verbreitung: **UK,** Nordamerika.

Edmontosaurus: Großer Hadrosaurier* (13 m lang). Körper ähnlich wie Ornithopoden, zu denen man sie zählt. Lief meistens auf allen vieren, konnte sich aber zum Fressen auf den Hinterbeinen aufrichten. Hufförmige Klauen an Händen und Füßen. Breites entenschnabelähnliches Maul. Schnabel zahnlos; dahinter dichte Reihen unzähliger Mahlzähne (wie eine Reibefläche). Höhle hinter den Nasenlöchern, in der er vermutlich Ruflaute zum Sozialkontakt erzeugen konnte. Lebte in Herden nahe Gewässern. – Ornithischier, Ornithopode, Hadrosaurier. Verbreitung: **OK,** Nordamerika.

Elasmosaurus: Gewaltiger Meeressaurier (Plesiosaurier*). 13 m lang: Hals 7 m, Kopf nur 60 cm lang. Rumpf und Schwanz machten nur ein Viertel seiner Körperlänge aus. Lebte meistens im Wasser. Sein Körper war sehr beweglich, trotzdem konnte er nicht besonders gut schwimmen. An Land war er, wegen seiner paddelförmigen Gliedmaßen, wohl so unbeholfen wie eine Robbe. Ernährte sich von Fischen und Weichtieren. Jagte auch auf hoher See. Elasmosaurus war das Vorbild für so manches Fabeltier. – Plesiosaurier.

Verbreitung: **OK,** Nordamerika, Asien.

Euoplocephalus: Großer Panzer-Dinosaurier (bis zu 7 m lang, 2 m hoch). Die Oberseite seines Kopfes, Körpers und Schwanzes war zum Schutz gegen die Raubsaurier seiner Zeit (z.B. Tyrannosaurier) durch starke Knochenplatten gepanzert. Selbst die Augenlider waren gepanzert. Die keulenförmige Verdickung am Ende des Schwanzes war eine wirksame Verteidigungswaffe. Der Saurier war trotz seines Gewichts und seiner Panzerung recht schnell und beweglich. – Ornithischier, Ankylosaurier*. Verbreitung: **OK,** Nordamerika.

Hypsilophodon: Ein sehr beweglicher, kleiner Vogelfuß-Dinosaurier (höchstens 2 m lang). Kräftige Beine, mit denen er schnell laufen konnte. Langer Schwanz als Stabilisator. Große Backenzähne in Unter- und Oberkiefer, zwischen denen Pflanzenmaterial zerrieben wurde. Zahnloser Hornschnabel am Unterkiefer vorne; am Oberkiefer vorne Schneidezähne. Wegen seiner langen Finger und Zehen glaubte man erst fälschlicherweise, dass er ein Kletterer und Baumbewohner sei. Lebte in Herden. – Ornithischier, Ornithopode.
Verbreitung: **UK,** Europa, Nordamerika.

Iguanodon: Großer, schwerer Vogelfuß-Dinosaurier: 9 m lang, 5 m hoch, 4,5 t schwer. Lief als erwachsenes Tier wegen seines Gewichts meistens auf allen vieren, konnte sich aber auch aufrichten. Als Jungtier auf den Hinterbeinen schneller. Ungewöhnliche Hände: Die drei mittleren Finger endeten hufförmig (zum Laufen), der fünfte sehr lang (zum Greifen), der erste (Daumen) war eine dolchartige Verteidigungswaffe. Lebte in Herden. – Ornithischier, Ornithopode.
Verbreitung: **UK,** Europa, Asien, Nordamerika, Afrika.

Lambeosaurus: Entenschnabelsaurier (bis zu 15 m lang und 6 m hoch) mit hohlem Schädelauswuchs oder „Kamm" und einem vom Hinterkopf abstehenden festen Knochenzapfen. Körperbau weitgehend wie alle Ornithopoden, zu denen er zählt. Lebte in Herden in der Nähe von Gewässern. Der Knochenkamm diente wahrscheinlich zum Erzeugen von Rufen bei der Paarung, zur Erkennung, zur Warnung; möglicherweise waren Form und Farbe bei jedem Tier anders und auch unterschiedlich bei Männchen und Weibchen. – Ornithischier, Ornithopode, Hadrosaurier. Verbreitung: **OK,** Nordamerika.

Maiasaura: Hadrosaurier ohne „Kamm" (9 m lang). Berühmt, weil man von ihm ein ganzes Nest mit Eiern und Jungen fand. Körperbau ähnlich dem anderer Entenschnabel-Dinosaurier. Lebte in großen Herden. Legte Eier in selbst angelegte kraterförmige Erdlöcher mit hohen Rändern. Große Nistkolonien, bei denen die Nester etwa 7 m voneinander entfernt lagen. Trieb Brutpflege. Maiasaura wanderte auf Futtersuche weit herum, kehrte aber wohl immer an seine angestammten Brutplätze zurück. – Ornithischier, Ornithopode, Hadrosaurier.
Verbreitung: **OK,** Nordamerika.

Oviraptor: Kleiner Theropode (2 m lang), der schnell auf seinen Hinterbeinen lief. Kurze Arme, dreifingrige Hände mit scharfen Klauen. Ungewöhnlicher, kurzer, schmaler Schädel. Zahnlose Kiefer mit einem scharfen Schnabel, etwa wie eine Schildkröte. Kurzes Horn oberhalb des Mauls. Sein Name bedeutet „Eierdieb"– Überreste fand man bei einem Gelege von, wie man dachte, Protoceratops (s. S. 40). Diese Eier waren jedoch tatsächlich von Oviraptor, der daher seinen Namen vielleicht zu Unrecht trägt. Saurischier, Theropode, Coelurosaurier.
Verbreitung: **OK,** Asien (Mongolei).

Pachycephalosaurus: Großer Vogelbeckensaurier (8 m lang). Sehr großer Kopf, beherrscht durch die extrem hohe Stirn, die aus soliden dicken Knochen bestand. Massives Schädeldach. Lebte in Herden. Man vermutet, dass die hohe Stirn dazu diente, den sozialen Status in der Herde zu demonstrieren. Wahrscheinlich führten sie Kämpfe durch, bei denen sie mit den Köpfen gegeneinander stießen. Der Name „Pachycephalosaurier"* bezeichnet auch eine ganze Gruppe von Dinosauriern von ähnlicher Art. – Ornithischier, Pachycephalosaurier. Verbreitung: **OK,** Nordamerika.

Parasaurolophus: Großer Entenschnabelsaurier (etwa 10 m lang und aufgerichtet 6 m hoch). Trug einen langen, röhrenförmigen Schädelauswuchs (über 1 m lang). Lebte in Herden in der Nähe von Gewässern. Vierbeinig laufend, ziemlich schnell. Der hohle Schädelauswuchs diente möglicherweise dazu, besondere Laute auszustoßen. Man nimmt an, dass die Schädelkämme von männlichen und weiblichen Tieren in Größe und Form unterschiedlich waren. – Ornithischier, Ornithopode, Hadrosaurier. Verbreitung: **OK,** Nordamerika.

Plotosaurus: Riesiger Meeressaurier (10 m lang). Gefährlicher Räuber, schneller und wendiger Schwimmer. Die Gliedmaßen waren zu kurzen Paddeln geworden, wobei das vordere Paar nicht nur länger war, sondern auch mehr Knochen hatte. Plotosaurus hatte eine schuppige Haut, ähnlich den heutigen Schlangen. Er zählt zu den Mosasauriern, den „Maasechsen", die so heißen, weil das erste Exemplar bei Maastricht in Holland gefunden wurde. Verwandt mit den heute lebenden Waranen. – Mosasaurier. Verbreitung: **OK,** Nordamerika, Europa.

Protoceratops: Bis 2,70 m langer Horndinosaurier (Ceratopsier*), allerdings ohne Horn (der Name bedeutet „Erstes Horngesicht"). Der Kopf lief nach vorne auf einen kräftigen „Papageienschnabel" hinaus. Großer Knochenkragen, der den Nacken schützte. Lebte in der Herde, um sicherer vor Angriffen von Raubsauriern zu sein. Man fand komplette Nester und Nistkolonien mit Eiern und Jungtieren in allen Altersstufen. Lief nicht allzu schnell auf vier starken Beinen. – Ornithischier, Ceratopsier. Verbreitung: **OK,** Asien (Mongolei, China).

Pteranodon: Großer Flugsaurier (bis zu 7 m Spannweite). Hautflügel gespannt zwischen Körper, Arm und viertem Finger, der extrem verlängert war. Zahnloser Schnabel; Kehlsack zum Aufbewahren von Futter wie ein Pelikan. Ernährte sich von Fischen. Lebte in großen Gruppen am Meer. Der lange Knochenkamm diente wahrscheinlich dazu, den Kopf im Gleichgewicht zu halten (wenn der Kehlsack voll war oder die Beute besonders groß) und als Seitenruder beim Fliegen. Exzellenter Segler. – Pterosaurier, Pterodactyloiden.
Verbreitung: **OK,** Europa, Nordamerika.

Quetzalcoatlus: Bislang größter bekannter Flugsaurier (12 m Spannweite). Hautflügel gespannt zwischen Körper, Arm und viertem Finger, der extrem verlängert war. Wie Pteranodon kurze Beine, sehr kurzer Schwanz. Auf dem Boden wird er sehr unbeholfen gewesen sein. Wahrscheinlich ein mäßiger Flieger, aber ein hervorragender Segler. Möglicherweise Aasfresser. Neueste Funde legen die Annahme nahe, dass auch er sich von Fischen ernährt hat. – Pterosaurier, Pterodactyloiden. Verbreitung: **OK,** Nordamerika.

Struthiomimus: 3,5 m großer Theropode und Hohlknochen-Dinosaurier. Sein Name bedeutet „Straußnachahmer“, denn er erinnert sehr an einen heute lebenden Strauß (ohne Federn und mit langem Reptilschwanz). Zahnloser Schnabel, langer Hals, sehr lange Beine. Ein schneller, zweibeiniger Läufer. Er war wahrscheinlich ein Allesfresser (fraß auch Dinosauriereier). Lange Arme mit dreifingrigen Klauen zum Fangen und Halten aller Arten von Futter. – Saurischier, Theropode, Coelurosaurier. Verbreitung: **OK,** Nordamerika.

Titanosaurus: Mittelgroßer Elefantenfuß-Dinosaurier der späten Kreidezeit (vor etwa 70 Millionen Jahren), einer Zeit also, zu der die Blütezeit dieser größten Saurier schon vorbei war. 12 m lang. Vierfüßig laufend. Kleiner Kopf. Nasenlöcher hoch am Kopf, zwischen den Augen. Körperform ähnlich Apatosaurus: Vorderbeine etwas kürzer als Hinterbeine. Es gab mehr als 10 Arten von Titanosauriern, die weltweit gefunden wurden. – Saurischier, Sauropode. Verbreitung: **OK,** Afrika, Asien (Indien), Europa, Südamerika.

Triceratops: Großer Horndinosaurier (über 9 m lang). Der Name bedeutet „Dreihorngesicht". Großer, scharfer Hornschnabel; Kiefer mit dichten Zahnreihen zum Zerkleinern härtester Pflanzenteile. Die Stirnhörner wurden über 1 m lang; sie dienten außer zur Verteidigung gegen Raubsaurier vermutlich auch zu Kämpfen unter Artgenossen um die Rangordnung. Der Kragen war ein solider knöcherner Abwehrschild (ohne Öffnungen wie bei Protoceratops). Es gab verschiedene Arten von Triceratops. Lebte in großen Herden. – Ornithischier, Ceratopsier. Verbreitung: **OK,** Nordamerika.

Tyrannosaurus: Großer Theropode (14–16 m lang, 6–7 m hoch). Mehr als 1 m langer Kopf, lange Kiefer, scharfe, bis zu 20 cm lange Zähne. Starke, lange Hinterbeine; Fuß mit drei gewaltigen Krallen nach vorne, eine nach hinten gerichtet. Sehr kurze Arme. Beweglicher Raubsaurier, der kurze Strecken schnell laufen konnte. Ernährte sich aber wohl auch von Aas. Der Name „Tyrannosaurier" bezeichnet auch eine ganze Reihe von verwandten Raubsauriern, von denen Tyrannosaurus rex einer ist. – Saurischier, Theropode, Carnosaurier.
Verbreitung: **OK,** Nordamerika, Asien.

Kleines Wörterbuch

Ankylosaurier (Panzerdinosaurier): Schwer gepanzerte Vogelbecken-Dinosaurier der späten Kreidezeit.

Archaeopteryx: Der „Urvogel“, ein Vogel mit Merkmalen der Reptilien; ein taubengroßes Flugtier, das eher flatterte als flog.

Carnosaurier (Fleischsaurier): Zu dieser Gruppe der Theropoden gehören die größten Fleischfresser, die je auf der Erde gelebt haben, z.B. die Tyrannosaurier.

Ceratopsier (Horndinosaurier): Vogelbeckensaurier mit rhinozerosartigem Körperbau. Massiger Kopf mit einem oder mehreren Hörnern.

Coelurosaurier (Hohlknochen-Dinosaurier): Leicht gebaute, schlanke, zweifüßig laufende Theropoden. Schnelle Raubsaurier.

Fossilien sind die Überreste von vorzeitlichen Pflanzen und Tieren und ihrer Spuren. Meistens sind es Versteinerungen.

Hadrosaurier (Entenschnabel-Dinosaurier): Sie waren die vielfältigste Gruppe der Ornithopoden, lebten in Herden und betrieben Brutpflege.

Ichthyosaurier: Fischsaurier mit delfinartigem Körper.

Ornithopoden (Vogelfuß-Dinosaurier): Unterordnung der Ornithischier. Zweibeinig laufende, kleine bis mittelgroße Saurier von großer Artenvielfalt. Pflanzenfresser wie alle Ornithischier.

Pachycephalosaurier (dickschädeliges Reptil): Unterordnung der Ornithischier mit ungewöhnlich geformtem Schädel.

Plesiosaurier: Meeresbewohnende Reptilien. Langer Hals, paddelförmige Gliedmaßen, kurzer Schwanz.

Pterodactyloiden: Eine von zwei Unterordnungen der Pterosaurier (Flugsaurier). Der Name bedeutet etwa „Beflügelter Finger".

Rhamphorhynchoiden: Die andere Unterordnung der Pterosaurier. Flugsaurier der Familie Rhamphorhynchus.

Sauropoden (Elefantenfuß-Dinosaurier): Sie waren die Giganten unter den Dinosauriern. Kleiner Kopf, säulenartige Beine.

Theropoden (Raubtierfuß-Dinosaurier): Unterordnung der Saurischier. Zu den Theropoden gehören alle Fleisch fressenden Dinosaurierarten.

Alle Saurier schnell gefunden

Allosaurus	14
Amargasaurus	26
Apatosaurus	15
Baryonyx	27
Brachiosaurus	16
Coelophysis	11
Compsognathus	17
Deinonychus	28
Dicraeosaurus	18
Diplodocus	19
Edmontosaurus	29
Elasmosaurus	30
Euoplocephalus	31
Heterodontosaurus	20
Hypsilophodon	32
Ichthyosaurus	21
Iguanodon	33
Lambeosaurus	34
Maiasaura	35
Mussaurus	12
Ornitholestes	22
Oviraptor	36
Pachycephalosaurus	37
Parasaurolophus	38
Plateosaurus	13
Plotosaurus	39
Protoceratops	40
Pteranodon	41
Quetzalcoatlus	42
Rhamphorhynchus	23
Stegosaurus	24
Struthiomimus	43
Titanosaurus	44
Triceratops	45
Tyrannosaurus	46
Yangchuanosaurus	25